AF562342

DE LA

CONCURRENCE EFFECTIVE

DES JOURNAUX.

> L'opinion qui ne voit pas à se conduire, ne manque jamais de se laisser mener ; et passant au pouvoir de quelque faction, est entraînée au-delà du terme où se serait arrêtée la passion même. (*Des Journaux*, etc.)

PARIS,

A. PIHAN DELAFOREST,

IMPRIMEUR DE MONSIEUR LE DAUPHIN ET DE LA COUR DE CASSATION,

Rue des Noyers, N° 37.

1828.

Des Concessions, etc.

Sur la Révision des Listes, etc.

Sur la Censure Facultative, etc.

Du Projet amendé sur la Révision des Listes.

« Les feuilles périodiques dirigent l'opinion du moment...

« C'est une chaire dont l'enseignement retentit d'un bout du royaume à l'autre....

« Dans la publication des journaux, c'est un besoin social qu'il importe de satisfaire....

« Pour que la publicité soit efficace, il importe que ses organes soient sincères....

« Sans la concurrence, il n'existerait pas de contrôle pour apprécier la bonne foi....

« Un tel état de choses est contraire à la libre et sincère manifestation des faits, des opinions, et aux intérêts politiques de l'Etat....

« Tout monopole est nuisible, et celui de la presse périodique plus qu'un autre : il crée, au sein de la société, une puissance de fait qui force bientôt les pouvoirs publics à compter avec elle. »

On voit, par ces paroles de l'exposé des motifs, que la concurrence des journaux est indispensable pour former, ou plutôt laisser se former l'opinion publique, pour rendre, ou plutôt laisser reprendre à l'autorité, sa force légitime.

On conçoit, de plus, que cette concurrence tend à prévenir les délits, à atténuer les dangers de la presse, au moyen du contrôle mutuel, et invite la justice à exercer la plus rigide répression, sans craindre d'enlever des organes aux peuples, ni même aux partis.

Mais, pour être efficace, il faut que la concurrence soit effective : et, sous le poids des charges fiscales, nulle entreprise n'osera entrer en lice et lutter contre la vogue.

Tels sont les points qui ont été traités, en 1827, dans plusieurs brochures, dont il n'est peut-être pas inconvenable de publier l'extrait et dont le résumé était conçu en ces termes :

« En rétablissant la liberté de publier des journaux, en « abolissant le cautionnement et le timbre, en réduisant « le tarif de la poste et permettant tout autre mode d'en- « voi, en assurant le même accueil aux bureaux de service :

« On aura des journaux à trois fois par semaine ; des « journaux dans une forme nouvelle ; des journaux du soir « extraits des autres ; des journaux rivaux dans la même « opinion ; des journaux critiques, quant aux feuilles op- « posées ; enfin, des journaux en *errata*.

« En abrégeant la peine de prison et laissant toute lati- « tude pour les amendes, en appliquant la suspension et « la suppression, en poursuivant en justice la réapparition, « en donnant le droit de suspendre l'autorisation, en con- « servant la censure, sauf à rendre compte des motifs :

« On aura une répression prompte, exacte, rigide, « par les cours de justice ; sous le coup de laquelle cesse- « ront tous les écarts, tous les excès, tous les périls ; à l'abri « de laquelle s'accompliront les vœux, les conseils du cé- « lèbre écrivain (1) :

« Il faut prendre un gouvernement tout entier. »

---

(1) Le vicomte de Bonald.

EXTRAITS.

« Faux amis de la liberté, qui déshonorent son nom « sacré, en protégeant la licence ; faux amis de la presse, « qui la perdent par l'abus qu'ils en font ; faux amis des « peuples, en tarissant, dans la main des rois, la source « des biens qu'ils étaient prêts à épancher ; faux amis de « la jeunesse, en flattant ses passions, en la poussant dans « les abîmes où tant de générations se sont perdues ; faux « amis des rois, enfin, en leur cachant qu'ils ne peuvent « plus être grands que par le règne des lois, en prêchant « l'absolutisme, dont le midi de l'Europe nous montre « les déplorables effets.

« Voilà donc quels sont aujourd'hui les guides auxquels « il faudrait abandonner nos destins, qui, se créant, de « leur propre autorité, puissance dans l'Etat, ont la « prétention d'être les seuls interprètes de l'opinion pu-« blique. »

Tel est le sens des paroles d'un noble duc, et tel est le fond de la pensée d'un grand nombre de personnes. L'aspect du mal les frappe, les trouble : les plus noirs souvenirs se transforment pour eux en présages certains ; le passé et l'avenir confondus, pèsent d'un double poids sur leur imagination.

Prenons les faits pour constans, pour avérés. Ce serait œuvre trop vaine que de prétendre refouler le sentiment et réformer la manière de voir. Il est déja assez difficile d'éclairer la pensée , de modifier la manière d'agir , de déterminer à suivre les voies , qui , seules , peuvent mener au but qu'on se propose.

Le mal est donc manifeste. Il faut chercher s'il existe un remède radical qui l'attaque de front et le dompte en son principe même; ou , s'il n'y a que des remèdes palliatifs , qui le tournent pour ainsi dire , qui en atténuent les effets, en arrêtent les progrès.

En deux mots , pouvez-vous tuer les journaux , les anéantir d'un seul coup et à jamais? tuez-les sur-le-champ. Dans le cas contraire , la médecine donne l'exemple à la politique : on la voit souvent , au lieu d'employer des remèdes violens , pour faire évacuer le poison , prendre le parti de le neutraliser dans l'organe où il a pénétré, quand même ce serait au moyen d'un poison antagoniste.

Pouvez-vous enclouer les esprits? enclouez vite, et rivez à demeure. Sinon , tentez de distraire l'attention, de fournir des sujets de diversion , de jeter dans l'embarras de la réflexion : augmentez , multipliez le nombre des journaux , qu'il en sorte du coin de chaque borne , et que le vent les emporte , les éparpille en tous lieux.

On compte des centaines de journaux en Angleterre , en Amérique ; et , s'il faut croire M. Jefferson , deux fois cité dans l'*Etoile* , leur ton n'est pas fort réservé. Voyez cependant si les deux nations s'en trouvent si mal; voyez comment la multiplicité des trompettes discordantes empêche que le son d'aucun de ces magiques instrumens devienne dominant ?

Soit que les journaux exercent ou subissent l'influence, c'est sur la souche de l'opinion publique qu'ils sont implantés, qu'ils végètent tristement ou s'élèvent avec orgueil; et la somme limitée d'énergie, la quantité fixe de sève qui lui sont propres, se répartissent entre eux, se divisent d'autant plus en raison du grand nombre. On pourrait même dire qu'en France, la souche de l'opinion publique, vieillie avant le temps, par la contrariété des saisons, allait cesser de donner des signes de vie, si la hache mal avisée n'était venue l'attaquer coup sur coup, la blesser jusqu'au vif.

Il y a trop ou trop peu de journaux.

Il y en a trop, tant qu'il n'y en aura pas assez. Les journaux font plus de mal que de bien, font beaucoup de mal et peu de bien, par la même raison, parce qu'ils sont en petit nombre.

Faut-il les détruire ou les neutraliser? voilà le problème.

Dans une société aussi avancée en âge, le temps ne manque pas à remplir sa charge de détruire : la loi entend-elle lui prêter aide? la loi ignore-t-elle encore où aboutissent la manie de prohiber, la rage de prévenir? Le cours du mal aura fait quelque brèche sur une des rives, vite on élève une digue, on la flanque de droite et de gauche, on la projette en avant, et le flot, durement repoussé, mine par dessous les fondemens, ou se rue avec fureur contre la rive opposée.

Dans les familles, dans la société, s'il y a des troubles, des crises, des révoltes, quel en est l'artisan? le pouvoir, la loi. La loi omet de réprimer ou excite à commettre : le délit virtuel, le délit générateur lui appartient; c'est le délit apparent qui sera frappé. Il en est ainsi pour les journaux.

Les journaux ! Etrange institution, par laquelle il est trop prouvé que des plus petites causes résultent les plus grands effets, sur laquelle, autant la querelle est misérable, en se confinant dans le cercle des intérêts privés, autant la discussion est imposante, en se transportant dans la sphère des droits et des besoins sociaux.

A leur égard, les choses sont, non pas comme elles devraient être, mais comme elles peuvent être. Il n'y a que cinq journaux disponibles; il y a bien cinq opinions prononcées. Chaque opinion enfante ou épouse un journal, et de jour en jour les liens mutuels se resserrent par la continuité des relations, par l'animosité contre les adversaires. D'abord le journal avait une opinion, bientôt c'est l'opinion, le parti qui a son journal.

Les journaux sont d'un prix élevé, et hors des grandes villes, l'ardeur de la lecture ne consume pas les esprits; l'effort est assez grand de lire pendant le déjeûner, de payer par tiers ou par quart le journal; ce serait trop de peine, s'il s'agissait d'un journal indépendant, impartial. Plus on manque de sens, plus on abonde dans son sens, c'est la loi de l'humanité. Il faut que la feuille favorite vienne apprendre chaque jour qu'on a eu raison la veille, et enseigner comment on aura raison le lendemain.

Et le mal ne s'arrête pas, car c'est à lui que le privilège exclusif est concédé de marcher d'invention en invention, de mériter chaque jour un brevet de perfectionnement. Dans l'origine, les esprits se contentaient d'un médiocre ordinaire; mais le goût se blase, l'appétit se perd, et les mêmes mets deviennent insipides : il faudra les rendre plus piquans, plus irritans. Aussi fait-on ; car, quoi que veuille la volonté, ce qui est nécessaire à faire, se fait.

En outre, le petit nombre des journaux rend plus facile un accord tacite, rend plus sensible un péril commun : engagés dans un combat à outrance, exposés aux coups du même ennemi, leurs armes s'ébrècheraient en se tournant les unes contre les autres. Et parfois il y a des égards à conserver, des services à reconnaître ; le dernier devoir auquel peut manquer un Français, c'est la politesse.

Il s'ensuit que la critique est presque nulle, qu'il ne s'exerce point un contrôle suffisant ; et, au lieu de ces discussions libres, de ces débats passés entre pairs, qui contiendraient et retiendraient sans doute, quand les reproches sont lancés des tribunes anglaise et française, ils n'excitent qu'un mouvement d'indignation.

Il faut beaucoup de journaux.

Il n'y a que deux ou trois journaux de chaque bord, et de chaque bord on est effervescent en paroles, incandescent d'idées ; l'opinion, les journaux s'échauffent mutuellement, s'embrasent de plus en plus. L'enclume et le marteau forgés du même métal, poussés d'un même coup de feu, passent au rouge, au blanc. On le voit trop.

Figurez-vous une tribune où ne pourraient monter de droite et de gauche que deux êtres privilégiés. Quelle chaleur ! quelle énergie ! quels mouvemens oratoires ! Ce serait tout plaisir pour les auditeurs bénévoles ; mais peut-être les patiens, les gens mis en cause, en place de tant de phrases brillantes, préfèreraient entendre quelques vraies notions, quelques raisons claires.

Supposez ensuite une tribune ouverte à tout venant, où tel succède à tel, où chacun passe à son tour, vous aurez une pluie, une grêle d'amendemens, de sous-amendemens, de contre-amendemens. Ce n'est plus un nœud si dur serré, qu'il faille recourir à l'épée pour le trancher, mais un écheveau embrouillé, entortillé, dont le fil casse sous le doigt, si bien qu'on n'en saurait tirer que de la charpie.

Les deux modes ne sont pas dépourvus d'inconvéniens; pourtant, dans les Chambres, le premier semblerait préférable, et quant aux journaux le second; car ceux-ci n'ont pour mission que de fournir la matière telle quelle, tandis que celles-là sont appelées à la mettre en œuvre. Un sort en a décidé autrement.

Mais, dira-t-on, comment digérer tant d'alimens divers, tant de poisons confondus? Comment en extraire un suc bienfaisant, un chyle substantiel? Nos esprits ne sont pas de force, n'en ont pas l'habitude.

La force ne s'acquiert que par l'exercice, qu'au moyen de l'emploi. Vos esprits ne doivent-ils sucer que le lait ministériel? Ils resteront débiles et niais; ce ne sera jamais que de plus ou de moins grands enfans. A quoi sert que la Providence ait doué l'homme des plus hautes facultés, s'il en renie l'usage, s'il n'entend pas qu'elles lui furent données pour lutter avec succès contre les circonstances périlleuses, à travers desquelles l'a jeté cette même Providence.

Il y a un mot piquant de *Bordeu*, au sujet de la thériaque. « Quelle étrange confection! voilà cinquante, soixante drogues, toutes de nature différente et souvent opposée, les unes insignifiantes, les autres vénéneuses. Comment tout cela va-t-il agir? Où tout cela va-t-il aboutir? Je n'en sais pas un mot.... Ce que je sais, c'est que ce remède a toujours produit l'effet le plus heureux. »

Il faut bien reconnaître que les journaux exercent une immense influence, dont l'opinion des Chambres n'est pas même garantie. On crie fort contre eux, on les blâme fort; leur joug pèse donc et n'en pèsera pas moins : le poisson pris dans la nasse se débat encore.

On ne lit point de brochures, on ne porte pas une foi aveugle aux dires du ministre. Et comment rester en suspens jusqu'à l'ouverture de la tribune? L'éclair de lumière qui s'échappera peut-être, perce trop tard : ce sont beaux et bons discours qui y sont déclamés : force gloire en revient aux orateurs. Du reste ils n'ont rien à démêler avec la conviction. Quand la discussion orale commence, la discussion mentale est déja fermée.

Les journaux parlent d'avance et parlent sans relâche: ils auront fortement influencé l'opinion, quelquefois dans le sens de leurs vœux, plus souvent à rebours de leurs fins; car il n'y a pas à les congratuler sur leurs succès : le talent ne fait pas l'art. Dans la chaleur de la controverse, on oublie trop qu'on parle à d'autres et non pas à soi-même, à d'autres fort mal disposés à son égard. Généralement les journaux gâtent et perdent leur cause.

Mais l'opinion est également induite en erreur; c'est le

dégoût qui agit sur elle au lieu de l'attrait : sous l'empire de l'un comme de l'autre, les faits ne sont point appréciés, les motifs ne sont point balancés.

D'où vient cela? De votre loi, de votre ministre surtout. Le ministre avait dit, en 1822 : «En réduisant le nombre des journaux, vous concentrerez les abonnemens, vous ne diminuerez pas le nombre des leeteurs. » Et d'abord cela était vrai, car il le disait; puis cela n'était plus vrai, car il agissait en sens inverse.

Il s'est complu à étouffer à leur naissance, à étouffer dans ses bras maints et maints journaux. Ainsi s'éteignait la concurrence, ainsi se concentrait l'influence; et l'influence concentrée, de même que les rayons du soleil réunis au foyer d'un miroir, devient incendiaire. Il n'y a plus que passions, que haine, colère et vengeance : les exceptions sont rares.

Il faudrait tenter la méthode inverse; il faudrait appeler, favoriser la concurrence, et en place de la concentration, substituer la diffusion, la confusion même. Il faudrait que les rayons de lumière fussent réfléchis dans tous les sens et divergeassent à l'infini.

Accroissez donc, multipliez les journaux, tant qu'à la fin il s'en rencontre un, ou deux, ou trois, car abondance de bien est miracle en ce genre, qui, ne sachant plus comment se distinguer, comment percer à travers la foule, soient contraints de se frayer quelque voie inconnue, inouie, étrange, et soient amenés ainsi à mettre au jour la vérité pure, à faire valoir la raison, la justice, l'utilité publique, toutes choses qui demeurent en doute au milieu des disputes d'homme à homme et de secte à secte ; choses qui, à la rigueur, comme il y en a quelques exemples, pourraient exister dans les vues ministérielles ; choses enfin qui rallieraient autour du noyau de l'intérêt social tant de votes du centre, tout étonnés de devancer les votes de l'extrême droite.

Passons au déluge, s'écrieront les gens : que dites-vous là ? de quoi parlez-vous ? Tant de bruit, tant d'éclat, n'ont point laissé de trace ; le temps a passé le rouleau sur la mémoire, nivelant les derniers sillons, livrant le sol à tout autre labeur. Les Jésuites et le Portugal, M. Canning et le comte d'Appony, ombres vaines, ont disparu sans retour. Ainsi sont faits nos cerveaux : une seule idée comble la mesure, absorbant leur *quantum* de capacité, exaltant jusqu'au *maximum* leur énergie. La monomanie est permanente, l'objet seul varie ; maintenant c'est la presse.

Mais quel est le moteur qui, se tenant derrière les coulisse, tient les fils, et à son caprice fait jouer les marionnettes du grand théâtre de l'opinion ? Le journalisme ! D'un coup de baguette, il jette les esprits en crise, les agite à tort et à travers, puis les plonge dans le sommeil.

De tout temps, soit que le sang ou le sort ait décidé de leurs destinées, les Français se sont montrés rebelles, au moins en opinion, à la loi formelle, à la puissance ostensible, et serviles jusque de conscience, à l'influence occulte, à la prépondérance intellectuelle. La récalcitrance et l'engouement sont les deux traits du caractère national. On a vu paraître tour à tour la sèche philosophie de Voltaire et la morale naturelle de Rousseau, la vogue des État-Unis et la mode de l'anglomanie, l'ascendant et la chute soudaine des Jésuites, puis des parlemens, la manie insurrectionnelle de 1788 et l'esprit contre-révolutionnaire de 1789, le vertige de la liberté et le prestige du despotisme, enfin la ferveur de la restauration et l'abattement actuel des esprits.

Sous la monarchie, ces soubresauts de l'opinion partaient de l'impulsion du parlement, des états et du clergé; de l'impulsion des livres et des théâtres, des salons de la ville, des antichambres même de la cour. Rien de tout cela n'existe plus; il faut pourtant que le Français soit mené. Et c'est comme un besoin honteux à satisfaire; il a soif de se laisser mener, il a horreur qu'on veuille le mener.

Les journaux ont hérité de toutes ces puissances déchues; ils tiennent l'opinion en tutelle, ayant le pouvoir de lui imprimer une direction quelconque, tant qu'elle reste incapable, ayant le devoir de lui donner une éducation sortable, qui la mette en état de se diriger elle-même.

Or, ne demandez pas s'ils abusent d'un pouvoir dont l'action s'opère sans obstacle, sans contrôle; s'ils manquent à un devoir dont l'accomplissement ébranlerait ou limiterait leur empire; demandez plutôt si les journalistes sont des hommes. Ce ne fut qu'au dernier terme des excès, et encore il n'y eut qu'un seul membre de la convention, qu'on entendit s'écrier enfin : J'en ai assez de ma part de tyrannie.

Dans les régions incultes de l'opinion, au milieu de ces déserts de sables mouvans, chaque journal a choisi, a défriché quelque coin de terre circonscrit, s'est créé, non sans peine et sans risque, une espèce d'oasis; et certes il en est dans le nombre qui ont droit aux éloges, aux faveurs même.

Mais la loi n'aspire nullement à discerner, à distinguer le mérite, elle accepte le fait tel qu'il se rencontre; elle légitime toute possession, et interdit toute invasion; elle élève un mur d'airain autour de la propriété, à quelque titre qu'on l'ait acquise. De par la loi, tout journal est confirmé dans son apanage, dans ses droits de souveraineté sur telle et telle catégorie d'esprits.

A l'un, sera inféodée, une nation de regrets intéressés, de craintes réveillées, de haines inoculées; à l'autre, une race d'intelligences actives, et d'influences considérables; au dernier, on ne sait trop quelle secte d'idéologie matérialiste, de libéralisme systématique.

Celui-ci aura reçu l'investiture bénévole sur tous les débris d'existences anciennes, épars à grandes distances et chaque jour éclaircis par la mort; celui-là aura conçu un vaste plan de domination sur les temps qui sont à naître, se croyant assez fort, pour dire au torrent des évènemens : Tu iras jusque-là; et là, tu t'arrêteras.

Salut à nos maîtres! Leur autorité tient de la nature du régime patriarcal, du genre de la clientelle usitée chez les Romains, étant appelée, étant accueillie plutôt que subie : et si la volonté qui est asservie, porte impatiemment la chaîne et n'attend que le moment de la briser, l'opinion qui s'offre et se livre, tient le joug pour une couronne dont le poids ne charge jamais le front. L'ascendant est tel, qu'en parlant de la feuille habituelle, on se sert du terme générique, *le journal.*

Le journal dispose de la pensée, du sentiment, des actions; et comme chaque classe de ces serfs volontaires, occupe une zone limitée, le journal pris dans un sens abstrait, domine toute la sphère sociale.

Qu'un tyran, n'importe lequel, combine une force majeure d'impulsion et déblaie les voies, de tout obstacle, soit au moyen de la terreur, ou à l'aide du prestige; qu'un ministre, tel qu'il soit, marche au même but, en corrompant tant qu'il se peut, ou comprimant à défaut, de sorte à esquiver les résistances : dans l'un et l'autre cas, il y a emploi de la puissance matérielle ou intellectuelle; la volonté est enlevée, est emportée, sans que l'opinion ait été consultée, sans que le jugement s'y soit prêté : c'est une sorte de servilité machinale, automatique. L'isolement des individus qu'entretient la ruse ou la violence, produit seul l'asservissement de l'individu. Il y a déshonneur, il y a honte; voilà tout.

Mais si un peuple auquel par malheur aurait été donné la faculté de lire par les yeux, bien qu'il soit dépourvu de la capacité de lire par l'esprit, allait aliéner son opinion, laissait confisquer son jugement, à la merci de quelques feuilles volantes; s'il ne voyait plus, n'entendait plus, ne pensait plus, qu'à travers cet organe factice, ce semble superposé à l'intelligence, intercalé entre les sens et les sensations; ce serait un signe certain que les pouvoirs du cœur et de la tête manquent à son organisation, ou du moins qu'étant mal constitués et n'étant plus exercés, ils sont à la veille de faillir tout-à-fait. Un cas pareil ne s'était vu encore que dans les gorges du Valais. Il y a abrutissement ; il y a opprobre, ignominie.

De même que dans l'Orient, c'est le sultan ; dans l'Afrique, le fétiche ; en France, c'est le journal, dont les oracles sont invoqués, sont implorés pour enseigner aux gens comment il leur faut vouloir, agir.

Un tel état n'est pas moins déplorable lorsque les journaux sont dirigés par des personnes distinguées dans leurs partis, et quand même ils exerceraient leur ascendant dans le sens religieux et royaliste. Il n'est tête si forte qui ne soit tournée, il n'est conscience si pure qui ne soit troublée par l'usage du pouvoir absolu ; ni doute ni scrupule n'essaient de percer parmi la cohue des applaudissemens : sur le passage du char de triomphe, sont semés à plaines mains les écarts, les excès.

Au reste, que les esprits soient bien ou mal conduits, à peine y a-t-il quelque différence. S'ils sont bien conduits, c'est pour l'instant, c'est par accident : ce résultat heureux provient d'un principe vicieux. S'ils sont bien conduits, c'est qu'ils sont conduits ; et là gît l'opprobre ; de là, sort le désastre. . . . .

Avez-vous à gouverner de tels êtres, mettez-leur des fers, tenez les rênes hautes, comprimez les mouvemens déréglés : il y va de votre salut, de leur salut même. Mais si les fers sont usés, si les rênes tombent de vos mains, n'aspirez plus qu'à leur inculquer le jugement, à leur imposer le sens commun, à faire leur éducation,

S'il n'y a moyen de vous sauver de l'opinion, tentez de vous sauver par l'opinion; s'il n'est pas possible de l'étouffer sous les ténèbres, hâtez-vous de l'inonder d'un torrent de lumières.

L'opinion, qui ne voit pas à se conduire, ne manque jamais de se laisser mener; et, passant au pouvoir de quelque faction, devenant un instrument servile, est entraînée par des suggestions étrangères, au-delà du terme où se serait arrêtée la passion même.

Il y a un aveu bien remarquable à cet égard : « Si je n'avais jamais fait que ce que je voulais faire, j'aurais été plus vertueux, plus heureux. »

Il faut donner à la nation française, en imitation du grand exemple de l'Angleterre, l'éducation du bon sens; il faut l'amener peu à peu à saisir la vérité des choses et à se défier de l'éclat des phrases; il faut obtenir qu'elle se fasse une opinion, que son opinion tourne en volonté, que sa volonté entre en action.

Enseignez à lire, excitez à lire, fournissez à lire. Dans les sciences physiques, un mot comprend tout : voir. En morale, en politique, ce mot est ainsi traduit : lire.

Lire, invite à comparer, à réfléchir, empêche de s'aveugler soi-même et d'être trompé par les autres.

Lire ou entendre par les yeux, ne porte pas le danger ou plutôt préserve du danger d'entendre par l'oreille; car la parole imprimée est à la fois plus épurée et moins enivrante que la parole prononcée.

Lire mal, est synonyme de lire peu; lire bien, est identique avec lire beaucoup. Un peu de science, a dit un grand homme, éloigne de la religion ; beaucoup de science y ramène.

Or, dans les temps où nous vivons, entre les bords stériles de l'ignorance et les rians coteaux de l'intelligence, un seul pont est jeté, si étroit, si glissant, que les garde-fous n'empêchent pas d'être troublé par les bruits de l'abîme. Les journaux font la planche : qu'on se garde bien de la briser ou de la retirer; il convient plutôt de l'affermir, de l'élargir. Le passage sera plus souvent franchi, d'autant qu'il y aura moins de risque à tourner de tête, à faire quelque faux pas.

Une grande querelle occupe les esprits, absorbe l'attention publique.

Quelles sont les parties intéressées, les parties contendantes? les ministres, les journaux! puissances du jour, le résultat de leur lutte doit décider à laquelle appartiendra l'éphémère empire : puissances d'un jour, ni leur triomphe, ni leur défaite, ne doivent disposer des destinées de l'Etat.

Que ces puissances soient en guerre et se battent à outrance, rien n'est plus naturel; il leur faut vaincre ou périr.

Mais comment les pouvoirs de la société vont-ils prendre fait et cause, soit pour ceux-ci, soit pour ceux-là, quand ils n'ont à attendre, du parti vainqueur, que des chaînes; quand ils n'avaient qu'à contenir l'un et l'autre parti sous le joug de la loi.

Faut-il le dire? c'est qu'en France, l'opinion ne possède pas la faculté virtuelle de se faire elle-même, de se donner une existence propre; c'est qu'elle à besoin d'être faite, de se revêtir d'une existence empruntée.

Si l'opinion se faisait elle-même, se formait par son action, elle se ferait, se formerait dans le sens de l'intérêt général; l'intérêt général et l'opinion publique, ne sont à bien dire, que deux modes d'un même sentiment, que deux termes d'un sillogisme, le principe et la conséquence.

Mais l'opinion qui ne se fait pas d'elle-même, attend qu'on la fasse, qu'on la fasse à son plaisir, à son profit; et l'intérêt privé est seul doué de l'ardeur, de la finesse, de la constance qui sont requises pour parvenir à cette fin.

Ainsi, l'intérêt privé se portant pour prête-nom de l'intérêt général, agitera, ameutera les esprits, ravira toute la durée, captivera toute l'attention de l'audience; et, traînant à sa suite l'opinion commune et banale, mettra hors de cour ou fera perdre son procès à l'intérêt général, auquel l'opinion publique ne porte point d'appui, ne prête point un organe.

Ainsi, dans la grande querelle, les ministres et les journaux apparaîtront seuls en cause et diviseront entre eux l'auditoire, le tribunal.

Or, les journaux analogues sous ce rapport à toute puissance humaine, se laissent rarement aborder par la vérité, et repoussent la vérité qui les atteindrait par hasard.

Ils ne sentent pas comment, par une sorte de fatalité, dans ce chaos d'anarchie où l'Etat est plongé et à travers cette cohue de haines dont le ministère est assailli, leur ton tourne trop souvent à la suffisance, à l'arrogance, à l'intolérance; en sorte que les personnes investies de fonctions publiques, se trouvent profondément indisposées et prévenues contre eux, se trouvent prêtes à accueillir toute loi de vindication déguisée sous le titre de loi de répression.

La confession générale des journaux serait trop longue à faire, et telle est l'abondance de la matière, que les êtres impartiaux accuseraient peut-être le révélateur, de quelque esprit d'humeur ou de haine. Il suffira de dire, qu'étant par l'effet de leur petit nombre, espacés au large, forcés de sève et nullement contenus ni redressés, le caractère générique de cette classe d'êtres consiste à se charger de branches gourmandes, qui ombragent au loin le sol, à ne jeter que des fruits amers qui irritent au lieu de sustenter.

Et c'est malgré la disposition acrimonieuse, où ces causes ont dû jeter leurs juges, que les journaux s'embrouillent, se perdent dans des argumentations éternelles, sur le droit de propriété, sur le viol du contrat légal, sur la ruine des femmes, des enfans, etc. : brillans moyens, motifs oratoires, qui ne pêchent qu'en deux points, d'abord en ce qu'ils sont privés d'un sens réel, ensuite parce qu'ils sont rebutés par l'opiniâtre prévention.

Dans la vérité, tout journal constitue un être abstrait, derrière lequel, soit qu'il y ait une ou cent personnes, ce n'est jamais personne aux yeux de la loi ; tout journal est une entreprise formée à l'abri de la liberté, et non pas sous l'égide de la loi, une entreprise qui, exerçant des influences politiques, est essentiellement dévolue à subir toutes les modifications qu'a voulu, que veut, que voudra la loi.

Comme aussi il faut dire que, selon l'équité, la loi n'a pas le droit de s'introduire derrière l'être abstrait, de requérir l'apparition de telles ou telles personnes, et d'infliger une liasse de formalités qui, d'une part, n'avancent nullement vers le but de la répression; qui, de l'autre, se prêtent aux machinations les plus odieuses.

Quelles étaient les lois existantes? les lois ont-elles été exécutées? Tels devaient être les termes préalables de la discussion.

S'il existe des lois, il faut coordonner les nouvelles avec les anciennes; si les lois n'ont pas été exécutées, on ne peut se plaindre de leur insuffisance.

Une enquête parlementaire devenait indispensable à l'égard de l'exécution des lois.

Tous les écrits, tous les articles répréhensibles ont-ils été poursuivis au moment de leur apparition? la voix publique, cette voix qui trop souvent crie sans raison, sous les bons et doux gouvernemens, mais qui s'élève toujours avec justice contre une administration arbitraire, a déja répondu sur ce point.

Pourquoi tel écrit, tel article n'a-t-il été poursuivi qu'après le délai d'un mois, d'une année, qui laissa au mal le temps de s'opérer, qui provoqua le coupable à récidiver? Ici, il n'est pas besoin de la voix publique; c'est le pouvoir qui se condamne lui-même, en dénonçant enfin le délit.

Comment la justice a-t-elle prononcé dans les causes qui lui ont été soumises? Son indulgence prouverait que l'accusation lui a semblé trop tardive pour que la punition portât une leçon, ou tellement dictée par l'esprit de vengeance, que l'arrêt aurait connivé au complot, en frappant les prévenus.

L'enquête devait rechercher ensuite si les délits de la presse n'ont pas augmenté, ne se sont pas aggravés, en raison peut-être de tels et tels actes du pouvoir, de tels et tels projets de loi qui, à la rigueur, n'étaient pas nécessaires au salut de l'Etat; car il serait peu décent de réclamer des lois d'autant plus repressives, au fur et à mesure de l'excitation qu'il plairait de porter aux passions des peuples, aux haines des partis.

Le résultat de ce travail rendait enfin la paix à ces consciences timorées, qui parfois sont tentées d'hésiter entre les deux termes de ce dilemme : est-ce le pouvoir qui est en droit d'exiger la réforme de la loi? est-ce la loi qui est en droit d'exiger la réforme du pouvoir?

Après l'accomplissement de l'enquête, il convenait de procéder à l'examen de l'effet des lois, attendu que si le vice générateur du désordre résidait dans la loi même, il y aurait peu d'espérance d'étouffer ce vice au moyen de lois nouvelles, et qu'il serait au contraire fort à craindre que ces lois nouvelles ne fussent aussi imprégnées d'un germe de vice.

Les lois de pénalité se présentent en première ligne. Quant aux amendes, il n'y a nullement à se récrier contre leur exagération : car chacun en a connaissance et peut éviter le coup; seulement, si par hasard les amendes sont établies dans la vue de punir et réprimer les délits, comme elles ne sont appliquées qu'en vertu d'un arrêt, il faut prendre garde que l'arrêt prêt à frapper ne se retire, ne se retienne devant l'excès des amendes. A cet égard, un siècle s'écoulerait avant que dût cesser l'étonnement éprouvé, au spectacle des plus graves orateurs dissertant avec chaleur sur le vocabulaire de la pénalité, dont d'autres personnes doivent, à tête reposée, tourner ou passer les feuillets.

Du moins il n'a pas été question d'aggraver le maximum ou le minimum de la prison ; et une telle retenue semble annoncer que des idées justes commencent à percer sur ce point. Quels sont les juges qui auraient condamné à la prison, fût-ce pour un délit ultra légal, un Bergasse, un La Mennais, un Montlosier même ? Quels sont les juges qui condamneraient, sauf en cas d'outrages, les hommes d'un certain poids dont les noms vont être placardés en tête de l'œuvre qui ne sera pas leur œuvre ? Il est fâcheux que ces idées inspirées par quelque retour de pudeur, aient été aussitôt refoulées par la honte d'avouer une erreur.

Eh ! qui sait mieux que les gérens éphémères de ce triste coin de terre, qu'ici bas, tout est au poids de l'or, et qu'en taxant en façon d'amendes les plumes ennemies, elles ne seront pas plus réfractaires que les langues amies, tarifées en valeur de primes.

Dans la cour, il y a loyauté et fermeté ; au parquet, éloquence et science : qu'on n'y change rien. Dans les lois, il y a un retranchement plutôt que des additions à opérer : les juges sont hommes et ne sont point ministres ; toutes les fibres de la pudeur, de la pitié n'ont point été extirpées de leurs cœurs. Chez eux, on ne sait quel instinct se soulève contre l'alliance forcée de la peine corporelle et du délit intellectuel ; on ne sait quelle idée se révolte au souvenir de ce pamphlétaire expédié, bras dessus bras dessous, avec un brigand, jusqu'au riant asile de Poissy.

Abolissez la peine de prison, sauf, en cas de provocations au crime ou d'outrages contre la religion, contre la dynastie. Et cela fait, raturez d'un trait de plume les insignes articles du projet de loi sous les numéros 15, 16, 17 et 18; car il n'y a plus lieu à torturer l'esprit de la législation, à sacrifier la morale sur les autels de la politique, à installer l'État au titre d'inquisiteur dans les actes de société, à établir entre les propriétaires de chaque journal une nouvelle sorte de conscription qui, à point nommé, fournisse un nombre de victimes aux vengeances juridiques.

Ouvrez la bouche aux gens du Roi, déliez les mains aux hommes de la loi, fournissez matière à la justice autant qu'il y aura matière; et cela fait, endormez-vous, fût-ce même du sommeil du juste. Il est des gens qui portent assez de prix à ce que rien ne trouble votre éternel repos, pour vous garantir, sous bonne et valable caution, que tout délit sera immédiatement puni, et par conséquent que nul délit ne sera commis.

Est-ce bien entendu? Les lois restent telles qu'elles sont, sauf l'abrogation de la peine de prison, et peut-être l'accroissement du maximum des amendes. Le parquet renaît à la parole, les cours rentrent dans leurs droits, et Son Excellence dort à l'ombre de la colonne. . . . .

Le maintien de l'ordre serait remis à la garde des cours royales. Et comment craindre qu'elles pussent rester au-dessous de la charge aussi importante qu'imposante, qui pèserait à la fois sur leur conscience toujours pure, sur leur honneur encore intact et dont se saisirait avec empressement, cet esprit de corps souvent nuisible, plus souvent salutaire?

Un fameux arrêt d'acquittement a étonné, a scandalisé certaines personnes : fallait-il donc que les défenseurs des libertés plubliques en ordonnant la mise du scellé sur deux journaux, en s'engageant ainsi à l'accorder bientôt sur d'autres journaux, se rendissent les satellites du despotisme bureaucratique?

Mais qu'il y ait, au lieu de cinq journaux existant à cette heure, dix, quinze et vingt journaux, autant que puisse en établir le génie le plus aventureux, autant que veuille en soutenir l'esprit public le plus sordide ; qu'il soit libre à tout individu d'en créer un nouveau, au cas que l'espérance vînt solliciter de remplir le vide opéré, ou de s'introduire entre des nuances prononcées, ou de s'ouvrir une voie encore inconnue ; dès l'instant même, les cours mises à l'abri de toute inquiétude, garanties contre tout soupçon de complicité, ne sont plus frappées que des périls de la religion et de la monarchie; et constamment déterminées par l'intérêt de l'État qui ne peut prospérer que sous cette double égide, les cours dans cet état de choses inverse suivent, avec la même force d'ame, une ligne de conduite inverse pour parvenir aux mêmes fins.

Essayez seulement.

LAISSEZ FAIRE JUSTICE : notre Roi qui porte tant de traits de son saint aïeul, la ferait lui-même s'il était possible de réunir ses innombrables peuples sous le chêne de Vincennes.

LAISSEZ FAIRE JUSTICE : les hommes en sont d'autant plus avides, lui seront d'autant plus soumis après que l'arbitraire les a froissés, les a affligés, les a révoltés.

LAISSEZ FAIRE JUSTICE : elle est prête, elle attend. Et n'y aurait-il en France que la justice qui fût mise en liberté, autour de ce noyau compact, sous cette magique influence, on voit aussitôt s'élever, se marier, se perpétuer toutes les libertés publiques.

La méthode de Descartes est honnie plus que jamais : on se garde bien de faire table rase de ces bâtisses sans nombre qu'ont élevées quelque hasard ou quelque caprice, et dont est encombré le terrain où devrait se construire l'édifice social ; en y portant le marteau, on semble craindre d'être enfoui sous les ruines. La pratique fait loi ; l'usage donne droit ; la routine porte justice.

C'est la fiscalité surtout qui met à profit cette disposition générale des idées. Partout où elle s'est ingérée, l'esprit ne se hasarde point à pénétrer : personne encore n'a pris la peine de considérer la nature du tarif des journaux, du timbre des journaux.

Au sujet du tarif, il convient de mettre en tête des argumens, les principes qui ont été émis dans le rapport sur la poste aux lettres, par l'homme le plus habile dans la science de l'économie politique. « La rapidité des communications exerce la plus grande influence sur le bien-être du monde. »

Telle est la vérité pure et nette ; vérité qui est saisie, qui est sentie par tous les partis, comme on peut en juger par les efforts de chacun d'eux pour s'approprier le bénéfice de la rapidité des communications et pour en priver ses adversaires. Car il faut bien entendre que dans le projet sur la presse, la vue capitale est de monopoliser, au profit des journaux ministériels, la grande influence qu'elle exerce.

Les principes consignés dans le rapport sont de toute justesse. La civilisation, à la fois effet et cause, n'existe qu'en proportion des communications entre les hommes ; le mouvement de la circulation est essentiel à la vie sociale autant qu'à la vie organique : et l'état moteur analogue au cœur, est tenu à remplir les mêmes fonctions, à maintenir le cours rapide et constant de la circulation. L'Etat devrait considérer le service de la poste aux lettres à l'instar de celui de l'instruction publique, dont le bilan spécial se balance justement en recette et en dépense ; étant bien certain d'être le premier gagnant, sous le rapport moral, par la fréquence des relations ; sous le rapport fiscal, par l'accroissement des affaires.

Tant que la poste sera organisée en une telle manière, qu'au moyen de de son privilège il s'effectue un appel forcé à la matière imposable, et qu'après s'en être ainsi saisie, il est exercé sur cette matière, le droit qu'il plaît de fixer ; la poste aux lettres constituera l'impôt le plus arbitraire et le plus vexatoire, l'impôt le plus nuisible à l'ordre social.

Il est facile de tirer de cet axiome, le corollaire relatif aux journaux, lequel s'opposerait à l'élévation du tarif, et même prescrirait de réduire le tarif actuel. On peut mentionner à l'appui, l'exemple de l'Angleterre, trop souvent cité hors de propos : car les journaux y possèdent la liberté de choisir entre toutes les voies de transport et de traiter avec la poste à prix défendu.

Au sujet du timbre, il se présente des considérations d'une autre sorte. Et d'abord sous ce point de vue, aucune analogie ne se rencontre entre la France et l'Angleterre ; attendu qu'en ce dernier pays, c'est à la manière d'un réseau que le système des contributions indirectes s'étend sur l'universalité des transactions sociales, en sorte que, pour conserver le niveau entre les différens intérêts, il importe que nulle d'entre elles n'en soit exempte ; attendu qu'en outre de la richesse circulant parmi les classes moyennes qui leur rend la charge imperceptible, les journaux s'y débitent par numéros détachés, sans abonnement fixe et s'y débitent davantage en raison des annonces, que des nouvelles politiques.

Qu'est-ce qu'un journal, sinon une série de brochures quotidiennes? et le timbre sur les brochures n'a t-il pas révolté tous les esprits? n'a-t-il pas soulevé l'opinion la plus impartiale jusqu'en ses entrailles? . . . .

Mais il faut au moins un cautionnement? Oui, il en faut un, sans doute. Et qu'il soit exorbitant, car la loi actuelle est restée fort en arrière ; qu'il monte à un million et ne porte point d'intérêts ; il le faut ainsi, pour peu qu'on n'aspire qu'à étouffer à leur naissance les feuilles royalistes, qu'à gratifier d'un surcroît d'embonpoint les feuilles libérales.

Voici comment s'exprime un écrivain dont l'opinion

n'est pas suspecte : « Il est douteux que le parti royaliste ait assez de volonté pour soutenir la *Quotidienne*... S'il est de l'intérêt du parti libéral de maintenir le *Journal du Commerce* et le *Courrier*, il le fera... Là où règne un intérêt de parti aussi puissant, il se trouve aisément des fonds. » (*Drapeau Blanc.*)

Pauvres gens! il ne savent ce qu'ils font parce qu'ils ne voient pas ce qui est; et ils ne veulent point voir, point savoir. Avez-vous épousé un parti? n'êtes-vous inspiré que par vos passions, par vos intérêts? Il semble fort naturel qu'une telle cause vous enflamme; tout vous sera permis. Mais si quelque fatal sort vous enchaîne au bien public, vous condamne à dire la vérité, vous expose à avoir raison, tremblez! c'est prendre le seul mauvais parti. Vos paroles fatiguent les oreilles. Il n'y aura qu'un cri contre vous.

Toutefois, cela n'empêche pas que le cautionnement se résout en une prime liée avec une taxe, celle-là en faveur du libéralisme, celle-ci au détriment du royalisme. Cela n'empêche pas que le cautionnement est inutile pour garantir la rentrée des amendes; car un fort journal ne fait pas faillite pour un paiement de vingt mille francs, et le plus faible, s'il ne peut y satisfaire, sera plus puni encore, mieux corrigé surtout, par sa suppression définitive.

Pour les esprits qui tirent au clair le secret des choses, tout cautionnement ne jette pour produit net que l'amortissement de quelque rente et l'avortement de quelque journal royaliste.

Imprimerie d'A. PIHAN DELAFOREST,
rue des Noyers, n. 37.

www.ingramcontent.com/pod-product-compliance
Lightning Source LLC
LaVergne TN
LVHW010302230826
846091LV00007BB/2664

* 9 7 8 2 0 1 1 7 8 6 5 7 9 *